Adlassnig-Tschirk
Österreichisch für Anfänger

Hans Adlassnig
Roman Tschirk

# Österreichisch für Anfänger

Ein heiteres Lexikon
Alphabet von Rudolf Angerer

Amalthea

9. Auflage, 36. – 38. Tausend

in der F. A. Herbig Verlagsbuchhandlung GmbH,
Wien · München

Schutzumschlag: Rudolf Angerer
Satz: SatzStudio Pfeifer, Germering
Druck und Bindung: Wiener Verlag, Himberg bei Wien
Printed in Austria 2002
ISBN 3-85002-178-5

## Ein Vorwort zur Warnung

»Küß' d' Hand, die Damen, habedehre, die Herren, servus, alle miteinand! Wie geht's alleweil?«

So stand es in der Einleitung unseres kleinen Sprachführers. Das war bereits im Jahr 1983. Und schon damals warnten wir, daß diese Begrüßungsfloskeln rettungslos veraltet seien. Höchstens von ein paar Altwiener Charmeuren, Hofräten oder gigerlhaften Süßholzrasplern kann man heutzutage noch ähnliches hören. In Wirklichkeit ist die österreichische Sprache weit vielschichtiger. In den Grundelementen, so meinen Sprachforscher, gehe das Österreichische auf bayrische Dialekte zurück. Im Laufe der Jahrhunderte sammelten die Bewohner der Alpenrepublik sprachliche Beutestücke aus aller Herren Länder. Tschechen, Magyaren, Serben, Italiener, Franzosen, Türken und Juden lieferten so manche Ausdrücke und bereicherten so den österreichischen Sprachschatz.

Mit diesem kleinen Büchlein wollen wir versuchen, die österreichische Sprache so lange wie möglich am Leben zu erhalten. Aus Er-

fahrung wissen wir, daß sie vor allem von unseren deutschen Nachbarn nicht nur geschätzt, sondern oft sogar neidisch bewundert wird. In deutschen Ohren klingt unser Dialekt ungemein weich, was bei uns etwa mit »pootzwaach« übersetzt werden würde. Selbst ein harter »Papa« wird bei uns zum weichen »Baba« oder der »Popo« zum »Bobotscherl«. Am weichen Klang sind die Vokale schuld, deren es laut Alphabet bei uns ebenfalls nur fünf gibt. Die Zwischentöne machen aber den Unterschied. Zu den offenen und geschlossenen Vokalen gesellt sich eine spezifische Aussprache, die nicht einmal vor den dem Französischen entlehnten Nasaltönen haltmacht.
Die Steirer, ein akustisch überaus interessantes Völkchen, dürfen für sich den Ruhm in Anspruch nehmen, alle fünf gängigen Vokale (mit Zwischentönen) in einem einzigen Wort zu vereinen. Das Wort heißt »Leoben«, und dies ist der Name einer ansonsten völlig ehrbaren Stadt. Ausgesprochen liest es sich, völlig unzureichend, »Laeioubn«.
In unserem Büchlein werden Sie Dialektausdrücke finden, die man nicht in allen Bundesländern kennt. Wir Autoren versuchten

eben, bundesweit Merkwürdigkeiten zu sammeln. Es ging uns dabei weniger darum, eine wissenschaftliche Arbeit zu verfassen, als mit den Übersetzungen ein wenig die Seele und die Wesensart des Österreichers aufzudecken.
An dieser Stelle muß leider gesagt werden, Hans Adlassnig, mein Kärntner Mitautor, lebt nicht mehr. Daß ihn dieses Büchlein und dessen Geist lebendig halten mögen, hofft

*Ihr Roman Tschirk*

*Wien, im Frühling 1999*

## Alzerl

Minimum an Länge, Gewicht, Umfang oder Größe. »Ein Alzerl hat gfehlt, und sie wär mitgegangen.«

## Ampa

Etwas, aus dem die Manda (s. d.) am liebsten saufen würden, sofern es sich dabei nicht um Wasser handelt. »Mirzl, bring den Ampa uma!« = »Mariechen, bring den Eimer herüber!«

### Ana

Gegenteil von mehrere = einer.

### Ang'soacht

Zustand nach Überlauf in die eigene Hose.

### Anmäuerln

Spiel, bei dem es darauf ankommt, ein Hartgeldstück so nahe wie nur möglich an die Hausmauer zu werfen. Wer am nächsten liegt, kassiert = durch gezieltes Wegwerfen von Geld Unsummen verdienen.

### Anflaschln

Man kann sich oder andere anflaschln. Herzhafter und wohltuender Beitrag zum Leberstreß = sich betrinken.

## Anlahna

Anlehnen. Zustand geistig oder körperlich haltsuchender Zeitgenossen. Aber ang'lahnt lassen = jemandem den Laufpaß geben, wobei das Rückreisevisum selten gegeben ist.

## Anlassig

Man bezeichnet damit die Eigenart eines Menschen, der beim anderen Geschlecht immer wieder zu tun versucht, was sich hier nicht aussprechen läßt, wobei allerdings eh jeder weiß, was damit gemeint ist.

## Anpumpen

Kommt von pumpen, was aber wiederum soviel wie ausleihen heißt. Jemanden anpumpen = jemanden bitten, ihm etwas zu leihen, wie zum Beispiel den reichen Schwiegervater, der dann aber meist nur die Tochter und nicht das Geld zurück erhält.

## Anserschmäh

Trick oder ein ganz besonderes Glück, wie zum Beispiel ein Lottotreffer, nach dem man die Hackn (s. Hackl) fahrn lassen und mit ana feschen Katz arschlings (s. d.) in das Paradies verschwinden kann.

## Anstrudeln

Jemanden mit Worten überhäufen. Achtung, hat nichts zu tun mit *abstrudeln* = Schnellverfahren zum Herzinfarkt, überanstrengen.

## Armutschkerl

Hilfloses Wesen = ein Hascherl (s. d.)

## Arschlings

Wegweisender Ausdruck. »Da kommen wir nur arschlings hin« = nur von hinten zugänglich.

## Aufganserln

Jemanden zu etwas heraus- oder auffordern = aktivieren. Angelpunkt zu Streit oder zu schöner Episode zu zweit.

## Aufi

Aufe (je nach Bundesland), das Gegenteil von abi (hinunter). »Wärst net aufi kraxelt (s. Kraxeln), wärst net abi g'flogn.« = »Wärest du nicht hinauf geklettert, wärest du nicht herunter gefallen.«

## Äußerln

Hündische Baumberieselung. Hund auf die Gasse führen. »Komm Strolchi, wir gehen äußerln.« Aber niemals zur Frau oder Freundin »willst du mit mir äußerln gehen?«

## Backhendlfriedhof

Lange vor den Wienerwald-Restaurants vorwiegend in Wien angesiedelte kulinarische Ruhestätte zahlreicher Backhühner in Form einer Wampe (s. d.).

## Badewaschl

Braungebrannter Naturbursch in öffentlichen Bädern, der sich meist von jungen Damen umringt in der Sonne aalt, kernige Naturlaute von sich gibt, über dessen vielfältigen Arbeitsbereich aber selbst dessen Chef keine genaue Auskunft geben kann.

## Bahöll

Einen Bahöll kann man sich selbst machen, dazu eingeladen werden, aber auch ganz unfreiwillig hineingeraten. Zum Beispiel
a: Man ladet sich Leute ein, die dann selbst noch weit nach Mitternacht ihrer Freude darüber lautstark Ausdruck verleihen,
b: Man wird zu einer Superparty eingeladen, bei der sich vom Lusterfall im unterhalb gelegenen Stockwerk über Eifersuchtsszenen bis zum Aufmarsch der gesetzlichen Ordnungshüter alles abspielt.
c: Das Auto des Hintermannes verliebt sich in deines, es kommt zu einem herzhaften Busera (s. d.), der mit einem erquicklichen Faust-Augenspiel unter Einbeziehung der ganzen Zeugenschaft endet = Streit, Lärm, unangenehmes Aufsehen.

## Bamstig

Von etwas »angefressen« sein, wobei sich im Gemüt der Hochstand des Zwerchfelles widerspiegelt, beziehungsweise der Zustand, wie zum Beispiel der eines Mannes, der die ganze Nacht mit einem Mädchen flirtete und am Morgen bamstig ist, weil sie sich nicht entschließen konnte. Bamstig heißt aber auch, sich angeschwollen fühlen, wie zum Beispiel nach einer Injektion beim Zahnarzt oder nach einer gewaltigen Watschn (s. d.).

## Bärig

Urig = Spitze, Klasse.

## Beisl

Herablassende, aber auch liebevolle Bezeichnung für ein Gast- oder Kaffeehaus, das man entweder wie die Pest meidet oder in dem man wie Pech klebt. Das eine ist »a Beisl«, das andere »mei Beisl«.

**Betakeln**

Beliebtes Gesellschaftsspiel für mindestens zwei Personen, wobei der eine den anderen ums Ohr haut.

**Beuschlreißer**

Sargnagel, Lungentorpedo, Glimmstengel = Zigarette, deren Genuß einem fast das Beuschl (Lunge) zerreißt.

**Biberln**

Angenehmes Unterarmtraining. Vornehmer Ausdruck für saufen.

**Bims**

Dasjenige, das man sich nur sehr schwer verdient und das heute bereits oftmals nur mehr mit Daumen und Zeigefinger belegt wird = Brot.

## Bißgurn

Zänkisches Weib, das nicht nur dem Manne das Leben versauert.

## Bixn

Büchse. Etwas, das die Männer über der Schulter und die Damen zwischen den Beinen tragen. Daher auch Bixenmacher = einer, der Gewehre herstellt, aber auch einer, der nur Mädchen und keinen Stammhalter zeugen kann.

## Blad

Volumenbezeichnung. »A Blade« und »a Blada« = ein weibliches und ein männliches Dickerchen.

## Blasn

Man kann zum Beispiel Trompete blasen, anders hört es sich an, wenn Mutti mal die Flöte bläst. Man kann aber auch ins Röhrchen blasen, wenn Onkel Schutzmann dich glauben machen will, du wärest vollfett und nicht in der Lage, dein Fahrzeug zu steuern. In diesem Falle: junge Damen, Achtung! Wenn neben Ihrem Wagen ein Polizist den anderen fragt: »Was glaubst du, lassen wir sie blasn?«, sind Antworten wie »Aber natürlich, lieber Herr Inspektor, ich dachte schon, Sie wollten mir den Führerschein wegnehmen!« nicht angebracht.

## Blindschleichn

Blindschleiche = Schlangenart, aber auch eine schlecht sehende Person. Zum Beispiel ein Mädchen, das nicht mit Bestimmtheit zu sagen vermag, wer der Vater seines Kindes ist, da es an diesem Tage gerade seine Brille vergessen hatte.

## Blunzn

Blutwurst, aber auch ein etwas dick gewordenes, fades, dämliches weibliches Wesen.

## Böck

Nicht der Bäck = Bäckermeister, sondern das, was man sich von seiner Alten ausziehen läßt = Fußbekleidungsstück = Schuhe.

## Bramburi

Pommes de terre. Erdäpfel, deutsches Volksnahrungsmittel, auch unter dem Namen Kartoffel bekannt. (»Kartoffeltiger« = deutscher Staatsbürger.)

## Bremasln

Jenes Jucken und Kitzeln, wodurch sich zurückkehrendes Leben in ein eingeschlafenes Glied (nur Extremitäten) ankündigt.

## Brenna

Brennen. Man kann vor lauter Liebe lichterloh brenna, man kann aber auch brenna müssen, zum Beispiel dann, wenn man mit netten Leuten an der Theke steht, die zwar bestellen, aber nicht brenna = bezahlen könnnen.

## Brezn

Brezel, knuspriges Gebäck zu Bier. Wer aber »eine Brezn reißt«, stürzt, daß er alle Engel singen hört.

## Bries

Köpfchen, Hirn, Esprit – eben das, was man einschalten sollte, ehe man den Mund auftut. Vom Kalb als Delikatesse auf der Speisekarte.

## Brodln

Weit entfernt von vulkanischer Tätigkeit – geradezu das Gegenteil davon, nämlich: so langsam herumtrödeln und zögern, daß nichts dabei herauskommt.

## Brüller

Wird nicht in Phon, sondern in Karat gemessen. Ein kleiner Stein, über den schon so manches Mädchen zu Fall gekommen ist = Brillant, Diamant.

## Brunzn

Tätigkeit, bei der Bier, Wein, aber auch Wasser abgelassen wird, allerdings nicht vom Faß. Ein Vorgang, nach dem die meisten wieder auftanken können.

## Brunzeln

Nach Odeur de Toilette riechen.

## Bsuff

Wandelnder Alkoholtanker = Betrunkener.

## Bucklfünferln

Talfahrt an der Wirbelsäule abwärts. »Du kannst mich bucklfünferln!« = den Rücken herunterrutschen.

## Bummerl

Das, worum es beim Schnapsen (s. d.) geht, aber auch Schicksalsschlag. »Ana hat immer das Bummerl!« = »Einer hat immer den Schwarzen Peter«.

## Burenhäudl

Nicht die abgezogene Haut eines Buren (Bauern), hat aber auch nichts mit dem jüdischen Ritus oder der Jungfernschaft zu tun = ein paprika- und fettreiches Würstchen, das des Nachts am Würstlstand am besten schmeckt.

## Busserln

Aneinanderklappen zweier Menschenpappen, wobei mit »Pappn« (s. d.) die »Goschn«, (s. d.), also jener Teil des Gesichts, dessen man sich, meist ohne zu denken, bedient und den der Preuße als »Klappe« bezeichnet.

**Buschkawül**

Völliges Durcheinander, aus dem man nur schwer herausfindet, obwohl man sich manchmal selbst hineinmanövriert hat.

**Büsln**

Tut man am liebsten, wenn einen die Frau nicht läßt = schlafen.

**Busera**

Zarte bis heftige Berührung, die sichtbare Eindrücke hinterläßt. Achtung: nur in bezug auf Kraftfahrzeuge anzuwenden!

Wird unsere Sprache leider auch des öfteren als sogenanntes »Alpenfranzösisch« bezeichnet, so findet sich in unserem Dialekt, sehen wir einmal vom »Christbam« = Christbaum ab, kein Wort, das mit einem »C« beginnt. Selbst unser so geliebtes Cafétscherl schreiben wir Kaffeetscherl.

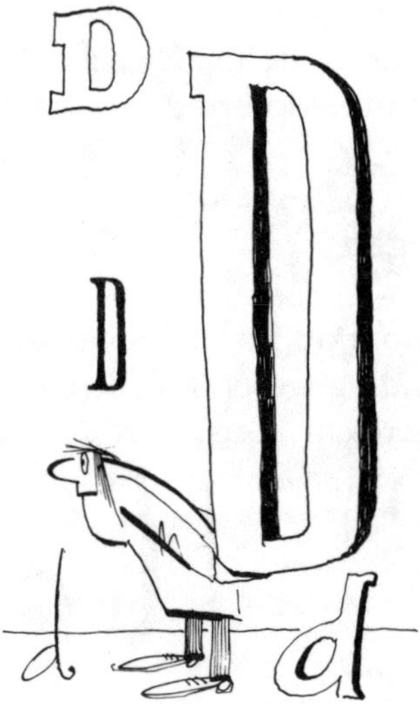

## Dasig

Sowohl »hiesig«, von da, als auch verwirrt, verschüchtert, benommen, eine Jungfrau etwa, die nicht weiß, wie sie zu ihrem Kind gekommen ist.

## Dasteßen

Dastößn (je nach Landessprache) = sich mitunter aus eigener Schuld, aber auch völlig ungewollt ins Jenseits begeben. Als Beförderungsmittel zu diesem Zwecke dienen heute vielfach Auto, Motorrad und Moped.

## Derglengen

»I hab' ihn grad no derglengt, sonst wär er futsch (s. d.) g'wesen!« = »Ich habe ihn gerade noch erreicht, sonst wäre er schon weg gewesen.«

## Derweil

»Derweil sie mit mir, hat er mit ihr!« Etwas, das zur gleichen Zeit geschah = indessen, einstweilen etc.

## Dirndl

Das, dem der Bua gern nachsteigt, aber auch das, dessen sich das Dirndl gern entledigen läßt, sofern ihm der richtige Bua nachgestiegen ist.

## Dippl

Bekommt man, wenn man mit dem Kopf durch die Wand will oder einem fliegenden Bierglas nicht mehr ausweichen kann = Beule, Döbel, Zapfen. Aber Dipplbruder = ein Wandersmann zwischen den verschiedenen Beisln (s. d.).

## Dodel

Harmloser, naiver Mensch, dessen Blödsinnigkeit gottgewollt ist.

## Dokta

Einer, der nur durch die Lieferantentür in den Himmel darf = Arzt, Doktor.

## Doppler

Neubesohlung der Schuhe, aber weitaus sympathischer als Doppelliter Wein = Zweiliterflasche.

## Dradiwaberl

Kinderspielzeug (Kreisel), aber auch kreiselkompaßgesteuerter Hirnakrobat. Einer, der seine Meinung ändert wie andere ihr Hemd.

## Drent

Drüben. Das Gegenteil von herenten (s. d.). »Weil du so lange drent warst, hat herenten dei Dirndl (s. d.) an andern g'nommen«.

## Drahn

Drehen. »Verdrah di!« = »Hau ab! Verroll dich!« Aber auch »gemma drahn!« = tanzen, lumpen etc.

## Dulli

Fesch (s. d.), Klasse, großartig. Eine dulli Sache ist zum Beispiel »a dulli g'stellt's Madl« = ein gut gebautes Mädchen.

## Dulliäh

Folge eines Viertel Weins, das nach drei anderen getrunken worden ist = kleiner Bruder des Rausches.

## Duttl

Kärntnerisch »Duttalan«. Beliebte Spielware für Männer, die das rasche Abgleiten ihrer Hände am weiblichen Körper verhindern soll = Busen.

## Efta

Keinerlei Wirtschafts- oder Waffenbündnis, sondern zum Beispiel die Antwort auf die Frage einer Liebesdienerin, wie er es gerne hätte: »efta« = öfters.

## Eh

Sowieso, ohnehin, »no eh« = »na freilich!«

## Eina

»Kimm eina!« = »Komm herein!« Mitunter die letzten Worte, die ein Bursch beim Fensterln vernahm, ehe er die Leiter hinunterstürzte und vom Vater des Mädchens verdroschen wurde.

## Einbratn

Einkochen. Ohne Gewaltanwendung jemanden zu etwas verleiten, überreden, schöntun, um etwas zu erreichen. Ungewiß ausgehendes Gesellschaftsspiel zwischen Mann und Frau. Entweder meint sie: »Red' net so lang, kumm gemma« (s. d.) oder: »Heut' kannst bratn, so lang du willst. Es geht nicht, ich hab auf die Pille vergessen.«

## Eindrahn

Unfreiwilliges Entsagen der freiheitlichen Lebensweise. Sich als Zellenbewohner etablieren = hinter Schloß und Riegel setzen, eingesperrt werden.

## Einfahrn

Man kann ein Auto einfahren. Meist wird damit aber eine Tätigkeit bezeichnet, bei welcher der Betroffene, ohne es zu ahnen, darauf aufmerksam gemacht wird, daß er doch nicht so klug ist, wie er selbst immer glaubt. Einem Schmäh (s. d.) aufsitzen.

## Einitanzen

Sehr populäre Tanzart, die in der Liebe, in Geldgeschäften, bei Prozessen etc. ihre Anwendung findet. Auf schöne Worte oder gut gestellte Fragen hereinfallen.

## Einitheatern

Einiteifeln = sich oder jemanden in etwas hineinsteigern, bis man gegen alles andere Scheuklappen bekommt, um zum Schluß meist doch zu erkennen, auf dem Holzweg gewesen zu sein.

## Einweinberln

Charmantere Spezies der Mastdarmakrobaten = sich zum Liebkind machen.

## Elfer

Strafstoß beim Fußball, aber auch verwoatakelte (s. d.) Gehwerkzeuge = Füße.

## Entrisch

Allein in der Nacht, dunkle Schatten, leises Geflüster unsichtbarer Gestalten, zuckende Blitze, Katzengeschrei, pochender Puls, Schweiß auf der Stirne – »das ist entrisch« = unheimlich. Aber trösten Sie sich, man erwacht ja wieder …

## Eppa

Vielleicht, am Ende. »Willst eppa net?«

**Fad'n**

Zapfn = am Thermometer nicht angeführter Kältegrad, bei dem sogar das Papiergeld an den Wasserzeichen aneinanderfriert.

**Falott**

Jemand, der es vorgezogen hat, einer Lebensart zu huldigen, die es ihm abnötigt, mehr Zeit seines Lebens hinter Gittern zu verbringen als in Freiheit = Gauner.

## Faschiertes

Gebratener »Hackepeter«, »deutsches Beafsteak«. Aber: »Laß dich faschiern!« = »Laß dich durch den Fleischwolf drehen!« = »Befreie uns von deiner Gestalt!«

## Feankln

(Obafeankln) = Sich ein Stückchen vom Kuchen abschneiden. Kann aber auch vom Speck, Käse, Brot usw. sein.

## Federn

»Ich hab' Federn!« = Zustand, bei dem einem die Knie zu schlottern beginnen, eine Gänsehaut den Körper überzieht, sich die Haare zu Berge stellen und der Atem stoßweise bemerkbar macht, während heftiges Beben den Körper schüttelt = von großer Angst befallen. Andererseits aber von jemandem etwas zurückfordern = federn, Geliehenes zurückverlangen.

## Feinspitz

Jemand, der auf jedem Gebiet Qualität der Quantität vorzieht und sogar so weit geht, zu behaupten, er könne Zunge nicht essen, da diese schon wer anders im Mund gehabt hätte.
Eier ißt er.

## Fesch

Gut aussehend. Zum Beispiel »a fesche Katz« = ein fesches (hübsches) Mädchen, vor dessen Schönheit sogar der Rheingold-Expreß Halt machen würde.

## Feschak

Gut aussehender Mann. Jedoch eher ein, wie aus dem Ei gepellter Vorstadt-Strizzi (s. d.).

## Fettn

= Schmalz, aber auch Mengenbezeichnung

für »Häfnbrüada« (s. Häfn), »Der hat a Fettn ausg'faßt« = Lange Kerkerstrafe. Mit Fettn wird aber auch ein Torschuß (Fußball) bezeichnet, der einen großen Drall hatte. »I bin fett!« ist allerdings nicht der Ausspruch eines Dicken, sondern einer Person, die zuviel getrunken hat.

## Fetzn

Lappen, aber nicht aus Lappland stammend, sondern »Putzlappen« etc. Mit »Fetzn« wird aber auch ein Kleid bezeichnet. So zum Beispiel ist ein »Galafetzn« etwas, woran sich ein Mann erwärmen und eine Frau verkühlen kann = Abendkleid. Ein »Fetzn« ist aber auch die besitzanzeigende Feststellung eines Betrunkenen: »I hab' an Fetzn!« = Rausch.

## Fetznbankert

Früher Produkt eines Verkehrsunfalles im außerehelichen Anbaugebiet = uneheliches Kind. Heute aber mehr für »Gsindel« (Gesindel), unehrliches, arbeitsscheues Pack angewandt.

## Fimmel

Bestimmt nichts Unanständiges. Nicht alle Menschen haben ihn, doch die einen haben, sind meist auch ein wenig beklopft = Spleen, Marotte.

## Fipern

Stürmisches Verlangen, vor Begierde erzittern, in spannender Erwartung sein. Der Zustand einer Jungfrau vor der ersten Daniederlegung heißt fiprig.

## Fisimatenten

Kapriziöse Launen. Die Fisimatenten, die Laune, beides weiblich. Damit ist eigentlich alles gesagt.

## Fladern

Eigentumsrechte zu seinen Gunsten verändern = stehlen.

## Flankerl

Winzig kleine Stoffreste, wie sie oft an schlecht gereinigten Gläsern vorzufinden sind. Manchmal auch Corpus delicti für betrogene Ehefrauen.

## Flenna

Weibliche Inbetriebnahme des kopfeigenen Wasserkraftwerkes zur Verwirklichung ihrer Wünsche = weinen, rern (s. d.).

## Flitscherl

Mädchen mit Liebhaberpreisen, die anstatt eines Tagebuches eine Kundenkartei führen.

## Flohbeidl

Jemand, der großzügig alles verspricht, aber nicht hält. Von Politikern ist in diesem Buch nicht die Rede.

## Flöten

Siebensüßer Klang in der Stimme, der am Rande der Verlogenheit lustwandelt. »Flötengehen« allerdings = verlorengehen.

## Fotzn

Fotze, aber auch »einen Fotz ziehen« = mit dem Gesichtsmuskel selbst erwirkte Massage der Gesichtshaut (Gesichterschneiden). Jedoch »Fotzn austeilen« = jemandem Watschen (s. d.), Ohrfeigen, Backpfeifen verabreichen.

## Frakale

Auch Buderle oder Buderl, Stamperl = Schnapsglas. Ländliches Flüssigkeitsmaß, das bei einmaliger Entleerung in Promille meßbar wird.

## Frotzeln

= Pflanzen (s. d.)

## Fuchtl

Weibliches Wesen, das bei Zahnschmerzen besser den Haarschneider aufsuchen würde = zänkisches Weib. Aber: herumfuchteln, zum Beispiel: »Fuchtl nit solange umadum (s. Uma), tu schon was!« meinte die Magd, ehe sie den Knecht ins Heu warf. Herumfuchteln = mit den Händen etwas betasten, hin und her bewegen, auch ziellos mit den Händen herumfahren.

## Futsch

Weg, fort, dahin, verloren. »Wenn das Geld auch futsch ist, Hauptsache es war lustig!«

## Fuxn

Überbelastung des vegetativen Nervensystems. Nicht zurückhaltbarer Ausbruch eigener Meinung, der teils vulkanartig, teils als Überlauf aufgestauter problematischer Ereignisse, lautstark oder leise, das eigene, wie das Leben der Umwelt in Erregung versetzt = ärgern.

## Fuzln

Etwas, was man sehr gerne mit seinem Chef und so manchem seiner Zeitgenossen tun würde = in kleine Stücke zerreißen.

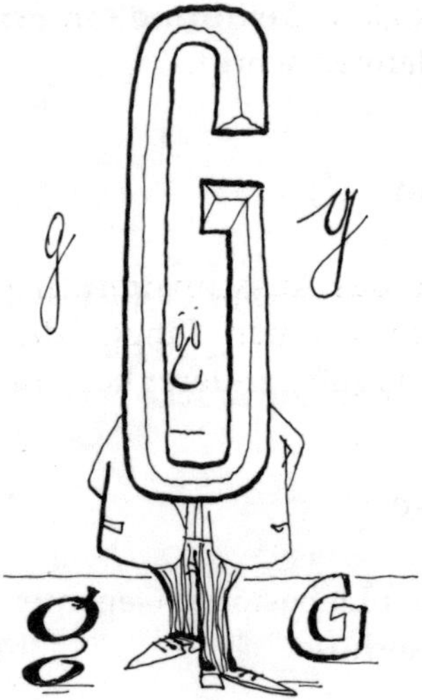

## Galoschn

Seit dem Pillenzeitalter eigentlich nur mehr sehr selten in Anwendung gebrachter gummiartiger Überzug über die Schuhe = Überschuh.

## Gangert

Gingert. »Es gangert schon (es ginge schon), wenn du dich nicht so hopatatschig (s. d.) anstellen würdest«, meinte sie, wonach sie den Rock glatt streifte und erhobenen Hauptes von dannen schritt.

## Ganserln

Schiangn, das Ausschnattern, Ausplaudern einem anvertrauter Dinge, die eigentlich nicht für das Ohr anderer bestimmt waren.

## Gatehose

Männlicher Liebestöter, Gegenteil von Slip = lange Unterhose.

## Gatsch

Mischung zwischen Sand, Erde und Wasser. »Im Gatsch stecken« = Bezeichnung für eine miese Lebenslage. »Hupf in Gatsch und schlag Wölln!« = kusch!

## Gaudi

Etwas, zu dem man nicht unbedingt die Damenwelt benötigt, die aber ruhig mitmachen kann, ohne daß es deshalb gleich anstößig zu werden braucht. Gaudi = Hetz (s. d.).

## Gedeftet

Gedrosselte Hoffnung. Rückstand nach geistigem Tiefschlag. Zustand, nachdem einem der Himmel auf den Kopf gefallen ist = bedrückt, niedergeschlagen.

## Gelt

Nicht ganz selbstbewußte Bestätigung einer selbstgestellten Frage oder Bitte, wie zum Beispiel: »Gelt, das kann ich mir kaufen?« oder »Gelt, du liebst mich so?«

## Gemma

Stammt keineswegs aus dem Griechischen, sondern heißt schlicht und einfach »gehen wir« zum Beispiel: »gemma badn oder drahn?« = »Gehen wir baden oder tanzen?« »Gemma, gemma« = »dalli, dalli!«

## Gerstl

Etwas, von dem jeder gerne weit mehr hätte = Geld. Damit wird aber auch Gerstengrütze bezeichnet.

## Gewurl

Ein Gewurl entsteht dort, wo viele Menschen aneinander stoßen wie bei Sportveranstaltungen, Wiesenfesten, Sexorgien usw. = Gewühl.

## Gfinkelt

Eigenschaft vorwiegend jener, deren Domäne hauptsächlich in der Jurisprudenz liegt = schlau, durchtrieben etc.

## Gfrast

Unleidige Person, die einem immerzu Schlechtes wünscht oder tut. Mehrzahl: Gfraster.

## Gfrett

Leid, auch Zustand, den so manche liebende Gattin beim Heimkommen ihres betrunkenen Gatten zu ertragen hat.

## Gigerl

Nach der letzten Mode gekleideter Schürzenjäger, der mit den meisten Motten bereits per Du ist, da er sich des öfteren in Kleiderschränken aufhält, falls er nicht gleich, von seiner Geliebten wie der letzte Dreck behandelt, bei überraschendem Eintreffen des Ehemannes unter das Bett geschoben wird.

## Gigritzpotschn

Österreichische Stadt, die seit ihrer Gründung mit dem sagenhaften deutschen »Buxtehude« verschwägert ist = nicht existente Ansiedlung. (Wir wissen, daß es in Deutschland ein Städtchen namens Buxtehude gibt. Wir meinen das andere.)

## Gitschn

Junges Dirndl (s. d.), das stets »Nein« sagt und dabei aus lauter Dummheit eines der schönsten Dinge im Leben versäumt.

## Glotzn

Vorgang, bei dem einem des öfteren die Augen herausfallen können, wie beim Anblick eines hübschen, nackten Mädchens = etwas genau betrachten.

## Glotzaphon

Dialog-, lese-, liebe- und daher auch kinderfeindliches Holzkästchen in verschiedener Größe, das mit einer Mattscheibe versehen ist und dessen einziger Vorteil darin besteht, daß man es auf Knopfdruck abstellen kann, falls man die Willenskraft dazu aufbringt = Schlapfenkino = Fernseher.

## Glumpert

Etwas, was die einen als wertloses Zeug wegwerfen und die anderen aufheben und als Antiquität teuer verkaufen.

## Glurn

Gewisses Leuchten in den Augen, das meist Liebende zustande bringen, sofern sie gerade die Augen offen halten.

## Gnack

Das, was man so manchem wünschen würde, sich zu brechen = das Genick.

## Gneißen

Etwas rasch erfassen, erkennen etc. Es soll sogar Blitzgneißer geben, die von Dingen schon wissen, ehe sie überhaupt geschehen sind.

## Goder

Neben der Wampe (s. d.) zweites sichtbares Wohlstandszeichen, zweites Kinn. Goder kratzen = jemandem schön tun, schmeicheln.

## Goschn

Etwas, das man anderen des öfteren gerne einschlagen möchte = Mäu (s. d.).

## Grabler

Zum Beispiel einer, der mit seinem Wagen so langsam durch das Halteverbot fährt, daß sein Beifahrer befürchtet, wegen ungesetzlichen Parkens abgeschleppt zu werden. Als »Grabler« bezeichnet man aber auch einen, der seine Hand schneller unter dem Rock seiner Freundin hat, als diese »guten Tag« sagen konnte.

## Graffl

Unbrauchbares, wertloses Zeug wie alte Kaffeetassen, verrostete Nägel, altgewordene Ehemänner usw. = Plunder.

## Grammeln

Reimt sich vortrefflich auf »Schrammeln«, daher singt der Wiener mit Vorliebe beim Heurigen (s. d.) »Zwanzig Schülling (s. d.) für die Schrammeln, und morgen freß ma Grammeln!« Würden Grammeln bei uns auch Grieben heißen, müßten die Schrammeln auf »Schrieben« umgetauft werden, was praktisch undurchführbar ist.

## Grantig

Etwas, was ein Mann werden kann, wenn eine Frau ihn verläßt und dann doch zurückkehrt, weil sie ihm nicht einmal das Alleinsein vergönnt. Grantscherm = verhärmter Mensch, der sich am liebsten selbst in den

Hintern beißen möchte, falls er dazu imstande wäre. Einer, der seine schlechte Laune zur Schau trägt.

## Greblter

Ein vom »Weinbeißer« = Weinkenner geliebter Tropfen (s. rebln).

## Grebazn

Nur Kleinkindern und Beduinen erlaubt, sonst äußerst unfein, nämlich aufstoßen = rülpsen.

## Grispindel

Körperlich schwacher, magerer Mensch, der des Nachts nicht ausgehen sollte, da er wegen seines Knochengeklappers als Ruhestörer Strafe zahlen müßte.

## Griß

Starke Nachfrage, sich um etwas reißen und sei es auch nur um ein kleines Stückchen Papier, das man als Banknote bezeichnet und auf dem die lächerliche Zahl »Eintausend« steht.

## Groschn

Kleinste Währungseinheit unseres Landes, umgerechnet rund ein Siebentel eines Pfennigs und somit von sagenhafter Kaufkraft. Begehrtes Sammelobjekt für Numismatiker. Aber: »Der Groschen ist gefallen« = keineswegs ein Währungsschwund, sondern die Tatsache, daß ein Umständler nun endlich begriffen hat, was man ihm bereits seit Stunden beizubringen versuchte.

## Gscherte

Wiener Bezeichnung für den Bewohner der Bundesländer, der allerdings oft mehr Intelligenz besitzt als besagter Miniaturgroßstädter.

## Gschaftlhuber

Feuerwehrhauptmann, Vorsitzender des Kegelvereines, Kassier beim Gesangverein, Leutnant bei der Heilsarmee etc. in einer Person.

## Gschisti gschasti

Der große Bruder von Papperlapapp = Unsinn in Reinkultur

## Gschloder (auch Gschlader)

Zu flüssig geratene Speise, aber auch ein Getränk, das man besser ungenossen läßt.

## Gschupft

Spleenig, ein wenig verrückt. Ein »Gschupfter« ist einer, der sich wie ein Kanarienvogel anzieht, den Schnabel weit aufreißt und große Töne spuckt.

## Gspaßlaberln

Zu klein geratene Höckerli (s. a. Duttln) an weiblichen Wesen.

## Gspritzter

Achtel Wein mit einem Achtel Syphon aufgspritzt. Erst durstlöschend, später berauschend und Durst erzeugend. Da capo. Keineswegs berauschend, eher das Gegenteil davon ist ein »Gspritzter«, einer, dem man zutrauen würde, mit dem Vogelkäfig um die Milch zu gehen.

## Gspusi

Etwas, von dem die eigene Gattin ausgeschlossen bleibt, wozu sich aber so manche Sekretärin bestens eignet. Das Verhältnis zweier Menschen verschiedenen Geschlechts, die des öfteren das tun, wozu eigentlich das Ehebett geschaffen wurde, aber nicht im Traum daran denken, zu heiraten.

## Gsteaml

Ein »Meterprügel«, ein von Natur aus in Wachstum und Gestalt vernachlässigter Mensch.

## Gstanzl

Gesungener Vierzeiler in den Alpenländern, oft aus dem Stegreif gedichtet.

## Gstieß

Höchste Karte im Tarockspiel = Sküß. Aber auch »den Gstieß bekommen« = Pschistera (s. d.).

## Gugaschecken

Erscheinen zum Beispiel im Gesicht eines Fechters, der sich mit Gesichtsschutz in die Sonne legte = Sommersprossen.

## Guglhupf

Spezieller Kuchen, meist Bestandteil der Kaffeejause (s. d.). Es kann aber auch mancher, dessen Oberstübchen nicht in Ordnung ist, in den »Guglhupf« = Nervenheilanstalt, Irrenhaus kommen.

## Gwirks

Besser man hat es nicht, denn wer ein Gwirks hat, der hat nur Unannehmlichkeiten = seine liebe Not mit etwas.

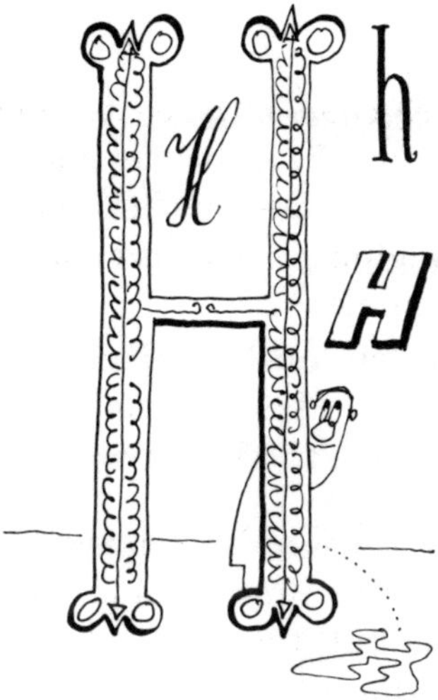

## Hackl

Hacke, Beil. »Hacke im Kreuz« = beliebtes Intrigenspiel. Aber: »a guate Hackn« = gutdotierter Job, mit wenig Arbeit verbunden, wie Vorsitzender, Aufsichtsrat etc.

## Hadern (auch Hodern)

Alte Stoffreste, davon »Haderlump« = Leinenlump = liederlicher Mensch, Lump oder »Lotta« (s. d.).

**Häferl**

Nostalgiebehangene Tasse.

**Häferlgucker**

Mann, der den Inhalt am Herd befindlicher »Reindln« (s. d.) beschnuppert, um herauszubekommen, wo er heute essen wird.

**Häfn**

Gefängnis. Im Häfn sitzen = Urlaub hinter Gittern. »Häfnbrüader = lichtscheues Gesindl, weshalb es meist hinter Schwedischen Gardinen verkehrt.

**Halbseidene**

Mädchen, die für gewisse Dinge Geld verlangen, ohne dazu berechtigt zu sein. Dazu brauchen sie einen »Weh« (s. d.).

## Hallodri

Mann, der mit seiner Frau wettet, noch vor Mitternacht zu Hause zu sein, und sie dann als Kavalier gewinnen läßt. Jemand, der das Leben nicht sehr ernst nimmt, aber deshalb kein schlechter Mensch sein muß.

## Hamdrahn

»Drah' di ham!« = »Verroll dich heimwärts zu Mutti!« Vorwiegend jedoch, sich je nach Geschmacksrichtung selbst in das Jenseits befördern mit der Gewähr, nicht mehr zurückzukehren = freiwillig aus dem Leben scheiden.

## Hamgeign

Von der Bildfläche verschwinden, aber: »Damit kannst di hamgeign!« = »Das glaubt dir keiner, damit machst du dich nur lächerlich!«

## Hammer

Das, was einer hat, wenn man ihm damit kräftig auf den Kopf geschlagen hat = im Kopf nicht ganz normal.

## Hangerl

Unentbehrliches Requisit des Kellners, um Brösel vom Tisch auf die Hose des Gastes zu fegen = Wischtuch.

## Hantich

Galleversprühende Zeitgenossen beiderlei Geschlechts = herb, verbittert.

## Harb

Zum Beispiel Zustand eines Dirndls in bezug auf seinen Freund, der es stehen ließ = böse, verärgert.

## Harpfn

»Gemma (s. d.) in die Harpfn!« = »Gehen wir zu Bett!« = Liegemöbel, bei dessen Kauf die Kundin darauf achten sollte, vom Verkäufer nicht hineingelegt zu werden.

## Hascherl

Bedauernswertes Menschenkind, armer Wurm. Hascha = der Ehemann einer emanzipierten Frau.

## Haße

Etwas, das einem nach einem anstrengenden Abend um Mitternacht aufrichten kann wie ein Glas Gin auf nüchternen Magen oder Burenhäudl (s. d.), mit Senf und Brot auf Pappteller serviert, auch »Ich bin haß' auf ihn« = »Ich bin zornig auf ihn«.

## Hatschn

Unkonventionelle Art der Fortbewegung. Hatscha = ein Spaziergang, an dessen Ende einem die Zunge bis zum Boden hängt.

## Häu

Heil. Hat nichts mit »heil dem Sieger« zu tun, aber auch nichts mit dem einer heilen Familie, denn wenn es dich einmal auf einer Stelle, die häu (glatt, rutschig) ist, auf die Goschn (s. d.) haut, hat das mit allem anderen als mit Seligkeit zu tun.

## Hawara (Habara)

Freund, Kumpel, den man daheim immer wieder als Ausrede gebrauchen kann.

## Hawern (habern)

Zusichnehmen von Speisen. Verpönt ist in vornehmen Lokalen jedoch die Frage: »Herr Ober, was gibt es heute zu hawern?«

## Heamper

Gesichtsvorsprung, der im Winter meist undicht wird = Nase.

## Heferl (Häferl)

= Einerseits etwas, aus dem man Kaffee trinkt, andererseits ein Angsthase, der schon bei einer ausgebrochenen Grippeepidemie sich keine Anstecknadel mehr zu tragen getraut. Ein übergehendes Häferl = jähzorniger Mensch.

## Heh (Höh)

Meist mit feundlichem Grün getarntes, vor Ampeln in Weiß gehaltenes, blasen lassendes, nach Gaunern fassendes, verkehrsbehinderndes, Persönlichkeit verminderndes, Sternlein am Kragenspiegel tragendes, im strengen Ton fragendes, Führerschein entziehendes, bei Gefahr Pistolen ziehen- oder auch fliehendes, wenn man es braucht, auf sich warten lassendes, Gebäude bewachendes, mit Blaulicht fahrendes, Ordnung bewahrendes Sicherheitsorgan = Polizei.

## Herenten

Hat nichts mit Herren oder Enten zu tun, sondern bedeutet schlicht und einfach »hier, da«. »Herenten bin ich und herenten bleib ich, weil ich z'faul bin, zu dir umi (s. d.) zu steigen.« Aber auch herüben.

## Heromat

»Kumm aufi, i bin heromat!« = »Komm herauf, ich bin heroben!«

## Hetz

Eile, aber auch Gspaß, Fröhlichkeit, Ausgelassenheit. Es ist zum Beispiel a Hetz, dieses Büachl = Buch zu lesen.

## Heugeign

Spindeldürre weibliche Hochantenne, bei der die Mutter fragt, wenn zu Hause die Türe aufgeht und niemand hereinkommt: »Kind, bist du's?«

## Heuriger

Der Wein vom heurigen Jahr, aber auch das Lokal eines Weinbauern, der dort seinen eigenen Wein ausschenkt. Die Heurigen = Buschenschenken, vor dem Eingang mit einem grünen Buschen gekennzeichnet, der allerdings kein Symbol der Grünen ist, sondern besagt: »Heut' ist ausg'steckt!« = das Lokal ist geöffnet. Spezialität sind die sogenannten »Schußheurigen«, wo man auf Hasenjagd (zweibeinige) gehen kann. Heuriger = Übungsfeld für Andockmanöver, Gradmesser zur Verträglichkeit des Weines, und da dort meist a »Musi« (Musik) spielt und es etwas zu hawern (s. d.) gibt, auch Ohrenschmalz triefender Treffpunkt der Single-Weinbeißer.

## Hieb

Schlag. Wer einen hat, ist geistig minderbemittelt. Mit Hieb werden in Wien aber auch die einzelnen Bezirke der Stadt bezeichnet.

## Hinich

Dem Leben entfleucht. Aber hinich ist auch jemand, der ins Ruderboot ein Loch bohrt, um das Regenwasser abzulassen. Hinich = nicht ganz klar im Kopf.

## Hintnach

Etwas, das man uns Österreichern nachsagt, daß wir es wären: hinterher, hintennach. Die deutsche Fußballnationalmannschaft kann da die Bundesbürger allerdings eines Besseren belehren.

## Hirnederl

Mensch mit leichtem Dachschaden. Etwa

einer, der glaubt, man bräuchte nur eine Handvoll Löcher zur Hand zu nehmen und diese mit einem Strick zusammenzubinden, um ein Netz herzustellen. Aber auch einer, der meint, er wäre ein Wunderkind gewesen, weil der Chef zu ihm sagte, er hätte mit sechs Jahren schon so viel gewußt wie heute.

## Hobeln

Jemandem auf nicht gerade dezente Art bessere Manieren beibringen = zurechtschleifen.

## Hochgschissen

Ist einer, der die Nase so hoch trägt, daß er seinen eigenen Gestank nicht mehr riechen kann = hochtrabend, hochnäsig.

## Hochweiß

Hier kommt es nicht auf die weißen Haare, sondern auf die volle Brieftasche an. Hochweiße Personen wirken wie Magnete auf Personen beiderlei Geschlechts, die stets nur Kleingeld in den Hosentaschen tragen.

## Hopatatschig

Ungeschickt, etwas tölpelhaft, zum Beispiel einer, der verführt wurde und nachher fragt: »Samma jetzt per Du?«

## Höscherln

Den anderen trotz seines gewaltigen Übergewichts auf den Arm nehmen.

## Hudln

Das, was man weder in der Liebe noch sonst tun soll, will man sein Ziel fehlerfrei erreichen.

## Hudriwudri

Jemand, der alles zu rasch, daher ungenau

erledigt, alles oberflächlich nimmt und selbst bei der Liebe schon wieder angezogen ist, ehe die Frau ihren ersten Blusenknopf geöffnet hat.

## Hundsfuata

Hundefutter, aber auch ein falscher Mensch, dem man nicht einmal sein Ohr leihen würde, aus Angst, es nicht zurückzuerhalten.

## Huscha

Einen Huscha haben = ein bißchen plemplem sein.

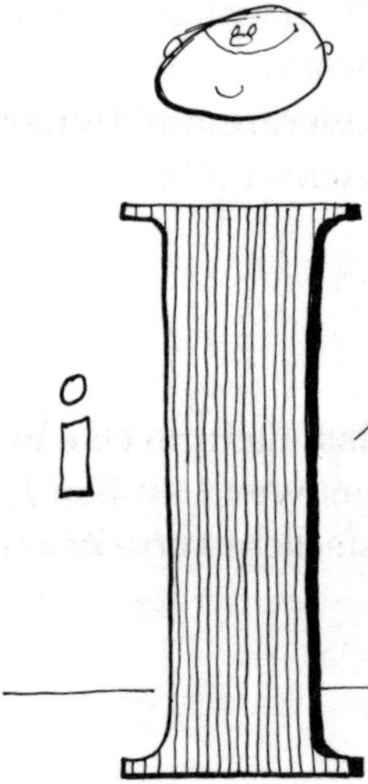

## I

Meist irrtümlich als Mittelpunkt der Welt sich verstehende Person, die aber ohne »w« und »r« nicht leben kann.

## Indianer

Bei der Weiblichkeit sehr beliebter Typ Krapfen, die mit Schokolade überzogen sind und mit Schlagobers (Sahne) verzehrt werden.

## Irksn

Körperteil, der, wenn es heiß zugeht, zu weinen beginnt = Achselhöhle.

## Itüpferlreiter

Jemand, der selbst dann noch eine Krawatte (Schlips) umlegt, wenn er bereits bis zum Hals im Dreck steckt = Pedant.

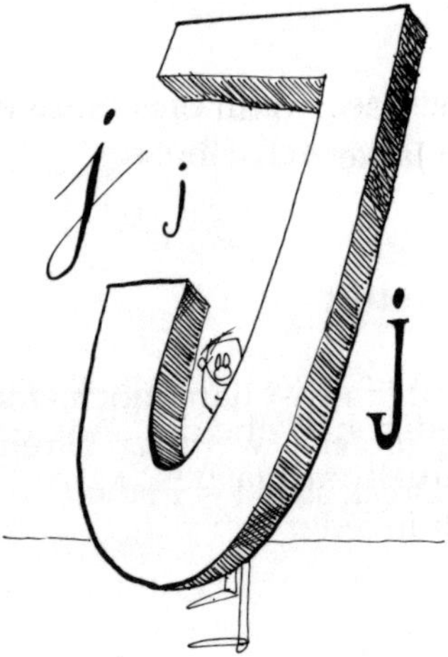

## Jaga

Auch Joaga = Jäger. »Sonntagsjäger« = einer, dessen Hund meist eher von der Jagd nach dem edlen Wild heimkehrt als dessen Herrl, da dieser nicht mehr durch den Silberwald streift, sondern sich – mit einem »Silberblick« behaftet – beim »feuchten Trieb« dem Studium des Jägerlateins hingibt. Der »Schürzenjaga« aber ist einer, der anstatt dem Wild »Kotzn« (s. d.) nachstellt.

## Janker

Je nach Temperatur an- und ausziehbare Joppe = Jacke.

## Jass

Jemand, der etwas bereits im Handumdrehen erledigt hat, ehe der andere merkt, wie es eventuell zu machen wäre. Bei der Damenwelt in jeder Lebenslage gefragter Fachmann.

## Jaukn

Tätigkeit, die so mancher Ehepartner mit dem andern gern bewerkstelligen möchte, wenn er könnte, wie er wollte. Meist kann er aber nicht = Davonjagen.

## Jausn

Zwischenmahlzeit, Vesper, Dämmerschoppen, Frühschoppen. Was dergleichen auch immer – es ist eine ausgezeichnete Sache.

## Jausngegner

Was die Bundesdeutschen von uns Österreichern vor der Weltmeisterschaft in Argentinien hielten.

## Jud

Hat in diesem Falle Gott sei Dank nichts mit Rassenproblemen zu tun. Einerseits handelt es sich hierbei eindeutig um Dinge, mit welchen Männer gerne spielen, wie a: um die Prämie für einen Pagat ultimo beim Tarock (Kartenspiel), b: um die Klitoris, c: eine schlecht- oder verkehrt herum angezündete Zigarette.

**Kaffeejausn**

Kaffeekränzchen bei Tante Emma. Damenrunde bei Kaffee, wobei sehr viel zu sich genommen wird an Kuchen, Törtchen, Schlagobers etc., aber auch sehr viel von sich gegeben wird – meist belangloses, teils aber auch sehr giftiges oder brisantes Zeug, das schon festgefügte Ehen zu sprengen vermochte.

**Klampfn**

Sowohl Bauklammer als auch Gitarre.

Jedoch: »Jemanden verklampfen« = verraten, vertratschen.

## Kaluppn

Lebensgefährliche Unterkunft = ein Haus, das die besten Voraussetzungen in sich birgt, demnächst zur Ruine zu werden.

## Kanapee

Etwas für Liebespaare, die es eilig haben und sich das Bettmachen ersparen wollen = Sitzsofa, Ruhebett.

## Kapazunder

Ragt aus der Masse geistig hervor: Fachmann, Kapazität. Einer, der dir im Handumdrehen die genaue Fahrtzeit zu den verschiedenen Gestirnen ausrechnen kann, aber total versagt, wenn es darum geht, sich ein weiches Ei zu kochen.

## Kapores

Kaputt. Kann auf Gegenstände wie auf Personen bezogen werden. Zum Beispiel: er war am Abend so kapores, daß er mit seinem Schlaf allein gar nicht mehr fertig wurde.

## Karnifln

Tätigkeit mit nicht vorauszuahnendem Ausgang, zu der zumindest zwei Personen gehören. Jemandem solange mit Worten zusetzen, bis er klein beigibt. Jemanden durch dauerndes Nörgeln fertigmachen.

## Kaszettl

Unwichtiger Zettel, der durch unvorsichtige Handhabung zum Ehedrama werden kann, wenn darauf die Adresse der Freundin vermerkt wurde.

## Katzensprung

Wegstrecke, die man in wenigen Minuten erreichen kann. »Es ist nur ein Katzensprung von A bis B.«

### Keifn

Davon gibt's zweierlei: keifende (bellende) Hunde und keifende Frauen. Jeglicher Kommentar erübrigt sich.

### Kerzlschlucker

Allzufrommer Mensch, eifriger Kirchengänger.

### Kiebera

Uni-formlos verpacktes Abführmittel (Kriminalpolizei).

### Kirtag

Eintägiges Volksfest. Opernball auf ländlich.

## Kleschen

Geräusch und Vorgang, wenn zwei Autos aufeinanderprallen. Es kann aber auch ein Dirndl (s. d.) zum Buam sagen: »Wenn du dei Pratzn nicht von da weggibst, wird's glei kleschn!« Der Bua muß eine Ohrfeige gewärtigen.

## Klettn

Einer oder eine, die von dir einfach nicht abakrallt (herunterklettert), ohne überhaupt oben gewesen zu sein. Zum Beispiel eine Frau, die im ungeeignetsten Augenblick dort auftaucht, wo der Mann unterzutauchen gedenkt.

## Knödl

Klöße. Aus Brötchenwürfel, Mehl, Salz und Eiern zur Kugel gedrehte Speisebeilage, die bei unsachgemäßer Zubereitung als Artilleriegeschoß zu empfehlen ist.

## Knofl

Knoblauch, aber auch einer, den man bei Wetten und Spiel nicht gerne in seiner Nähe hat (Unglücksbringer). »Verknofeln« = jemandem etwas verderben.

## Knozn

Beamtenkrankheit = dahindösen mit offenen Augen, auch gemütlich auf einem Kanapee (s. d.) lümmeln.

## Köch

Kelch, Kohl, Gemüseart, deren Duft sich vornehmlich in alten Mietshäusern festsetzt. »Lasset den Kelch vorüberziehen« = Redensart hungriger Familienväter.

## Kommod

Der Zustand eines Mannes, der von seiner Frau liebevoll aufgefordert wird, seinen ehelichen Pflichten nachzukommen und ihr zur Antwort gibt: »Da muß ich mich ja erst ausziehen!«

## Köpfln

Kopfballspiel beim Fußball, aber auch der Sprung per Kopf ins Schwimmbassin, was an heißen Tagen sehr angenehm ist – soferne Wasser darin ist.

## Kotz (Katz)

= Haustier, aber auch hübsches weibliches Wesen, das an zahlreichen männlichen Genickverrenkungen schuld hat = »kesse Biene«, »dufte Motte« etc.

## Kracher

Potzblitz, ein harter Donnerschlag, aber auch ein alter Mann und Pistole, Revolver. Dagegen »Kracherne« (s. d.).

## Kracherne

Lederhose mit Latz und kurzem Schenkelansatz, Kennzeichen von Berliner Urlaubern in den Alpenländern.

## Krallawatschert

Verworren, verwickelt, verknüpft.

## Krampn

Spitzhacke, aber auch: Gegenteil von Kotz (s. d.).

## Kramuri

Altes Kleinzeug, von dem man sich nicht trennen will. Reicht von Knöpfen und verrosteten Schrauben über unscharfe Sägen bis zu ausgedientem Uhrwerk.

## Kraxln

Das mühsame Besteigen von Bergen oder Hügeln, wobei man sich nach dem Ausruf »da unten ist es wunderschön!« fragt, warum man hinaufgekraxelt ist.

## Kraxn

Korb, der am Rücken zu tragen ist. Aber auch: Kraftfahrzeug, bei dem der Tankwart sagt: »Behalten Sie das Öl, aber wechseln Sie den Wagen!«

## Kren

Meerrettich, aber auch: »I bin a Kren auf di!« = »I steh' auf di!« = »Ich mag dich unheimlich gern!« »A Kren« ist aber auch »a Wurzn« (s. d.).

## Krewegerl

Kleines, unscheinbares Männchen, das bei einer Sexbombe nie zum Sprengmeister werden kann.

## Krügl

Das, was ein Mann nach einer durchzechten Nacht am nötigsten braucht = »ein großes Bier«. Aber auch ländliches Thermometer: »Heute hat es zwölf Krügel im Schatten«.

## Kuchl

Ort in Salzburg, aber auch Produktionsstätte kulinarischer Genüsse. Reich der Frau, aus dem so mancher Ehemann gerne in ein Restaurant flüchtet.

## Kudern

Jungfrauengekicher, zum Beispiel wenn ein Teenager dem anderen erzählt, daß er außer am Kopf auch woanders noch Haare bekommt.

## Kukuruz

Mais, in Österreich am liebsten veredelt in Form eines Schweinsbratens gegessen.

## Kuschln

Sich an seinen Partner anschmiegen. Kann im Stehen, Sitzen oder Liegen geschehen, wobei letzterem der Vorzug zu geben ist.

## Lahmlackert (auch kleinlackert)

Phlegmatisch bis zur Potenz, die in diesem Falle völlig überflüssig ist.

## Langmächti

Bedeutet nicht etwa »lang möcht'i«, sondern ist eine Maßangabe von subjektiver Größe oder Zeit.

## Lahnen

Im Frühling sehnsüchtig erwartet, da gleichbedeutend mit tauen. Lahnwind = Tauwind, Südwind, auch anlahna (s. d.).

## Lawerl (auch Laberl)

Fußball, aber auch: »i werd a Lawerl!« = Antwort auf unverhoffte Freudenbotschaft, z. B. auf die Nachricht, daß sich seine Frau endlich scheiden lassen will.

## Lei

(nur kärtnerisch) »Lei losn« = nur lassen, dasjenige, was der Urlauber an den Kärntner Dirndln (s. d.) sehr zu schätzen weiß.

## Letschert

So lange von harmloser Natur, bis es der Mann ist – nämlich schlapp, kraftlos, matt.

## Liabschaft

Gspusi, Techtelmechtel = Verhältnis zweier Menschen verschiedenen Geschlechts, das länger als eine Nacht lang anhält.

## Liegestatt

Jenes Möbelstück, wonach umso häufiger gefragt wird, je weniger lahmlockert (s. d.) die Beteiligten sind = Bett.

## Lodsch

Stets nur in Verbindung mit »a guater Lodsch«, woraus man sieht, daß es sich nicht um eine polnische Stadt, sondern um eine seelensgute Haut = Person handelt.

## Lo(u)sn

Horchen, zuhören, lauschen, also das, was Männer bei Frauen nur ungern tun.

## Lotta

Männliches Wesen, beheimatet in den südlichen Bundesländern, das es mehr zur Flasche als zur Arbeit zieht.

## Lumpn

Alter Stoffrest, Putzlappen. Aber: »Gemma lumpn!« – »Gehen wir ein paar Kneipen besuchen.« Der »Lump« = »Lotta« (s. d.).

## Mampfen

Das eifrige Bemühen, die für eine Wampe (s. d.) notwendigen Voraussetzungen hinter sich zu bringen.

## Manda

Abgeleitet von »Manna«, Brot des Himmels (A. T.). Heute bezeichnet man damit in den Alpenländern die Herren der Schöpfung (nach der Saison: der Erschöpfung). Der Ruf

»Manda, 's ischt Zeit!« hat schon bei so mancher Urlauberin, selbst im Zeitalter der Pille, eine bleibende Erinnerung hinterlassen.

## Mankale

Kleiner, unwichtiger Mann. »Aber du Mankale, was willst denn?« meint so manches holde Wesen, wenn der Partner ihr nicht mindestens ebenbürtig ist.

## Mäu

Etwas, das einige gar nicht, andere wieder zu weit aufreißen. Körperöffnung unter der Nase, wobei man es tunlichst unterlassen sollte zu sagen: »Gnädige Frau, Sie haben das schönste Mäu weit und breit!«

## Mäuter

Jenes wunderbare Baumaterial, das die für Maurer so angenehme Eigenschaft hat, nicht so rasch hart zu werden wie Gips.

## Maut

Dient nicht nur der Erhaltung schwer zugänglicher Straßen, sondern vor allem der Zugänglichmachung dienstbarer Geister.

## Mentscha

Noch menschliche Wesen, dem Manne meist »untertan«, da sie es verstehen, weniger durch Intelligenz als durch Bloßlegung ihrer Blößen sich den Mann gefügig zu machen. Zum Unterschied von der »Halbseidenen« (s. d.) läßt sie sich jedoch nicht dafür bezahlen.

## Miachtln

Anzeichen dafür, daß die Fenster geöffnet und die Unterwäsche gewechselt werden sollte.

## Moahm

Ehemaliges Dirndl (s. d.), frühere Kotz

(s. d.), nunmehr als »Marie-Moahm« oder »Res'-Moahm« usw. nur noch für den Veda (s. d.) zuständig. Jenseits von Gut und Böse.

## Motschkern

Der Liebe äußerst abträgliches Kauen von Tabak und dessen Überresten, aber auch die Reaktion des Weibes auf jene Leidenschaft, nämlich ununterbrochenes Keifen (s. d.).

## Mulatschag

Aus Ungarn importiertes Fest, bei dem alles erlaubt ist, was Gott verboten hat, und daher nur von Gleichgesinnten gefeiert werden sollte.

## Murksn

Versuch, trotz offensichtlicher Unfähigkeit, etwas mehr oder weniger Gescheites zu machen.

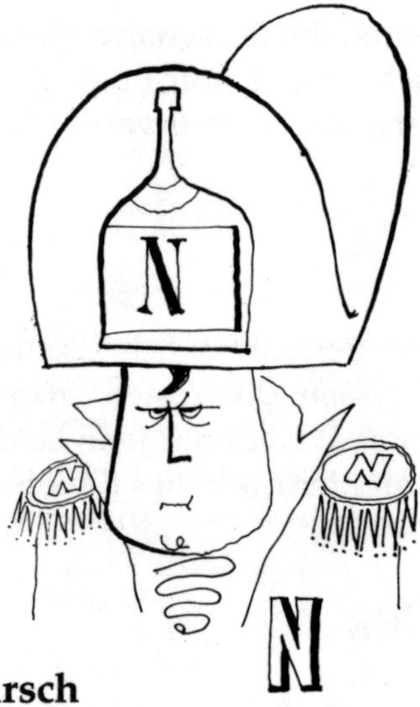


## Naturbursch

Eingeborener (heute fast nur noch beim Heimatabend in zünftiger Lederhose anzutreffen), der die »Mentscha« (s. d.), ohne viel zu fragen, packt und aufs Kreuz legt, worauf diese mit einem langgezogenen »Aaaaach!« bekunden, daß sie auf diesen Augenblick schon lange gewartet haben.

## Nodig

Neidisch, geizig, aber »I hab's nodig« = »Ich

habe es eilig« (nämlich vorwiegend auf das »Häuschen« zu kommen).

## Nockerl

Teigware (Sonderformen: Salzburger Nokkerln = Nachspeise für eine Person, wobei drei Leute Mühe haben, sie wegzuputzen, oder Kasnockn = mit Käse vermengte Spätzle). Als »fade Nockn« ein dümmliches Mädchen, das sich aus moralischen Gründen der fleischlichen Genüsse enthält.

## Nudeldrucker

Die Bekanntheit der Wörter Nudel und Drucker sollte nicht zu irrigen Schlüssen verleiten. Nudeldrucker ist lediglich ein geiziger Knauserer, der nicht einmal Nudeln druckt.

## Nudelwalker

Weibliches Erziehungsgerät für spät heimkehrende Ehemänner. Tagsüber als Rollholz für Teigwaren dienlich.

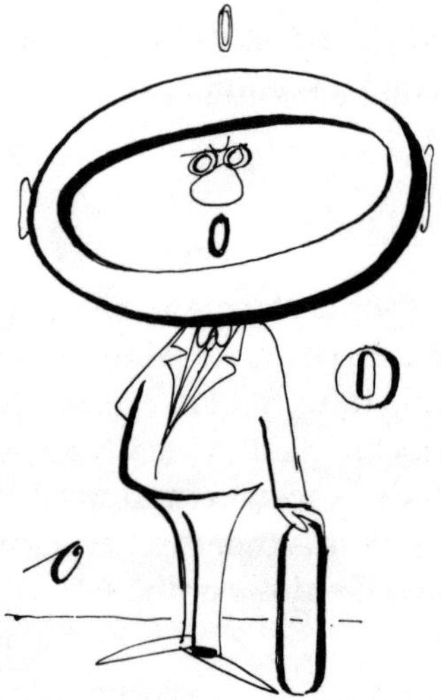

## Oachkatzlschwoaf

Beliebtes Testwort für Ausländer, abgeleitet von Eichkätzchenschweif, Eichhörnchenschweif.

## Oba

Gegenteil von aufi (s. d.), aber: »aba, aba!« = »Aber, aber, mein Herr, das geht zu weit!« Weibliches Stoppsignal in der Verkehrserziehung. Zieht der Mann tatsächlich die Hand zurück, bleibt ein enttäuschtes Lächeln.

## Obstler

Hausgebrannter, im Magen weiterbrennender, doch wärmender Aperitif (wärmt aber auch bei jeder anderen Gelegenheit). Keineswegs ein Obstverkäufer.

## Öha

Haltesignal für Zugtiere, manchmal von weiblichen Landbewohnern zur Verteidigung ihrer Unschuld (oder was sie dafür halten) ausgerufen.

## Ohdraht

Kann elektrischer Strom genauso sein wie ein menschliches Wesen, und doch besteht ein gewaltiger Unterschied. Oder haben Sie schon einmal was von einem schlauen, gerissenen Strom gehört?

## Ohschassln

Sollte man sich nicht so schnell lassen – abwimmeln – weder von der Angebeteten noch höheren Ortes. Dran- und hartbleiben!

## Palatschinken

Weder Schinken mit »Palat« noch sonst eine Schinkenspeise, sondern eine Art Eierkuchen (sehr dünn), meist gerollt und gefüllt mit Marmelade, Schokolade oder Topfen (s. d.).

## Palawatsch

Kommt heraus, wenn alle durcheinander reden.

## Pamperletsch

Das meist mitleiderregende Produkt zweier Personen verschiedenen Geschlechts, die unverbindlich in nähere Verbindung miteinander treten wollten.

## Pantschen

Einerseits bevorzugte Tätigkeit schnell reich werden wollender Weinbauern und -händler, die mit klarem Wasser im trüben fischen – andererseits jene Tätigkeit, die bei oben genannten Weinpantschern angewendet werden sollte, nämlich ihnen unentwegt eine »pantschen« = eine Ohrfeige verabreichen.

## Pantscherl

Süßes Verhältnis zwischen Mann und Frau, Ehepartner ausgeschlossen (es sei denn, er oder sie hat einen eigenen).

## Papperln

Genüßliches Zuführen fester Nährstoffe = speisen, essen.

## Pappn

Körperöffnung, die am besten gehalten werden sollte, identisch mit Mäu (s. d.).

## Paradeisa

Rötlich gefärbte Gemüsefrucht, die als Tomate in die deutsche Sprache Eingang fand. Man beachte: »Mensch, du olle Tomate«, aber niemals »Du dummer Paradeisa«!

## Pawlatschn

Kleine Bühne im Freien, auf der einst der Hanswurst beheimatet war und heute seine Nachfolger ihr Unwesen treiben.

## Peckn

Wird vor allem von Hühnern als Hackordnung praktiziert. Kann aber auch von Mensch zu Mensch, zwar ohne Schnabel, doch ebenso schmerzhaft, getan werden. Nicht jeder, der gepeckt wurde, hat einen Pecker = Hieb (s. d.), viel eher schon der Pecker selber.

## Pempern

Welterhaltende Tätigkeit = schnacksln, titschkerln (s. d.).

## Penzn

Unentwegtes Drängen, Bitten und Betteln, oft Ursache eines Pamperletsch (s. d.).

## Pflanzn

Frotzeln (s. d.). Jetzt müßte eigentlich jeder begriffen haben, was damit gemeint ist.

## Pfnausn

Ein nicht nur durch Pempern (s. d.) hervorgerufenes Außer-Atem-Kommen = hörbares Schnaufen.

## Pfoad (in Tirol Pfeid)

Auch mit »Hemad« bezeichnetes Kleidungsstück, das dem männlichen Geschlecht oft aus der Hose heraushängt, beim weiblichen Geschlecht (wenn überhaupt) zunächst unsichtbar getragen wird.

## Pitschn

Lieblingsgefäß geeichter Tschecheranten (s. d.), da nicht geeicht, sondern nur groß. Ist die Pitschn leer, ist der Tschecherant voll.

## Plärrn

Flennen, weinen. Weibliches Wasserkraftwerk, um männliche Energie zu verschwenden.

## Plattn (auch Plottn)

Menschen mit einer Plattn auf dem Haupt soll man keine haarsträubenden Geschichten erzählen, da es dort nichts gibt, was sich sträuben könnte. Unangenehm ist ein »Platta« beim Auto, ist dem Reifen doch die Luft ausgegangen. Auch eine Horde Jugendlicher oder eine Bande wird als »Plattn« bezeichnet. Man sieht – auf dem Kopf ist sie am harmlosesten.

## Pleampl

Ein von einer dicken Haut umgebenes menschliches Wesen, in das kein bißchen Verstand geraten ist.

## Pledern

Aufgeregtes Flügelschlagen beim Federvieh, beim Menschen das nicht minder heftige Zurbrustnehmen alkoholhaltiger Getränke, um das morgendliche Zittern der Hände hintanzuhalten, wodurch am nächsten Morgen das Zittern erneut beginnt, worauf weiter gepledert wird, wodurch …

## Plempern

Häßliches Wort für das großartige italienische »dolce far niente«. Dabei kann man sich allerdings leicht verplempern.

## Pletschn

Grüne und Vegetarier geraten beim Anblick einer Pletschn in Verzückung, handelt es sich doch um ein riesiges Blatt eines Salat-, Kraut- oder Kohlkopfes.

## Plutzer

Einmal Kürbis, dann wieder bauchige Flasche aus Ton, Synonym für großen Kopf = Großschädl. In Tirol auch großer Fehler.

## Potschert (auch patschert)

Von Geburt an mit zwei linken Händen versehen, die ständig über ihren eigenen Daumen stolpern. Eine von Glasermeistern und ähnlichen Handwerkern sehr geschätzte Eigenschaft.

## Potschn (auch Patschn)

Man kann zwar darin, aber nicht darunter stehen, obwohl mit Pantoffel identisch. Ist dem Pneu die Luft ausgegangen, heißt das ebenfalls Potschn, während man unter Potschnkino das Fernsehen versteht.

## Pratzerl

Gegenteil von Protzn (s. d.).

## Pritschn

Aus einem ursprünglich leichten Schlaggerät oder einer hölzernen Liegestatt (s. d.) entstand folgerichtig die österreichische Bezeichnung für ein weibliches Wesen, das – kompetenter Aussage nach – in größerer Anzahl anzutreffen ist. Pritschn = Trampln, Trutschn ...

## Protzn (auch Pratzn)

Wer die richtige hat, kann Fiaker (Mietkutscher) werden = Hand; keineswegs ein Händchen (sonst wäre es ein »Pratzerl«).

## Pschistera

Auch Gstieß (s. d.), erhält man meist vom Partner, dem man überdrüssig geworden ist = der Abschied (auch: der Stecken).

## Pumpern

Zum Fensterln ungeeignete Klopfart, da dadurch das ganze Dorf aufgeweckt würde. Wer dies trotzdem tut, ist daher ein Anpumperer.

## Rangln

Judo auf tirolerisch

## Raunkert

Eingeschrumpft, vertrocknet, im Wachstum zurückgeblieben. Ein Wort, das aus weiblichem Munde wie ein Todesurteil klingt.

## Rebln

Beeren vom Stiel entfernen. Hinweis für Weinbeißer: ein »gerebelter« Wein bürgt meist für Qualität. Mancherorts auch: Kukuruz (s. d.) ohrebln – die Körner vom Kolben entfernen.

## Reckn

Kommt sowohl in Verbindung mit strecken vor, als auch beim Bussln mit einem Krampn (s. d.) = Vorstufe zur unfreiwilligen Magenentleerung.

## Reindl

Küchengeschirr. Kasserole, deren Inhalt die Hausfrau nicht gern beschnuppern läßt, solang es am Herd steht und sie noch nicht weiß, was daraus werden soll.

## Reitern

Kein erschwertes Reiten, sondern das Sieben

von Mehl, Sand etc. durch eine »Reiter« = Sieb.

**Remasuri**

Ausgelassene Fröhlichkeit, zu der Massen gehören. Daher nicht jedermanns Sache.

**Rern**

Gefühlsäußerung, die oft zu spät kommt = weinen.

**Roglert**

Wie ein normaler Zahn, kann auch ein sogenannter steiler Zahn roglert, also locker, beweglich werden. Trotzdem: in der Praxis kein Vergleich.

**Rotzbua**

Wohl als Schleimjunge übersetzbar, doch

spezifisch österreichischer Natur: ein frecher, unausgereifter Halbwüchsiger mit einem Anflug von Charme. Als »Rotzpipm« weniger charmant.

## Ruachln

Für die meisten Österreicher ein Fremdwort, da mit zuviel Arbeit verbunden = habgieriges Zusammenraffen irdischer Güter.

## Sandln

Gegenteil von ruachln (s. d.). Wer es zum Sandler gebracht hat, ist Herr über sämtliche Parkbänke. Wegen seines Steuer-losen Lebens vielfach beneidet.

## Schahs

Genitiv von Schah = ehemaliger persischer Kaisertitel, der sich in Luft aufgelöst hat, ähnlich jenem Luftgemisch, das den Körper hinterrücks verläßt und allerdings im Nominativ gebraucht wird.

## Schanigartn

Mobiler Pflanzgarten (siehe pflanzn) vor Gaststätten (»Schani, trag den Gartn außi!«).

## Schaln

»Geh, wirf di in die Schaln!« = »Schlüpfe in deinen Sonntagsanzug!« (der sich hoffentlich nicht in der Pfandleihanstalt befindet).

## Scheibtruchn

Schubkarre = handbetriebenes Baufahrzeug, in ländlichen Gebieten Transportmittel gehunfähiger Lotta (s. d.).

## Scheppern

Lautstarkes Klappern und Klirren, aber auch sichtbare Angst vor der mit einem Nudelwalker bewaffneten Gattin.

## Scheangln

Man kann es mit einem oder mit zwei Augen: die unglückliche Eigenschaft, jemanden anzusehen, obwohl man einen anderen ins Auge gefaßt hat.

## Scherm

Überholtes Schlafzimmerinventar = Nachtvase. Aber auch: Grantscherm (siehe grantig).

## Scherzl

Jungfernstück des Brotes

## Schiach

Subjektiver Begriff für die Schönheit der Dinge. (»Sie is eh gar net so schiach« = Meditation eines Ehemannes in der Hochzeitsnacht.) Aber: jemanden schiach machen = jemanden in Wut bringen.

## Schinakl

Kleines Ruderboot, in dem das physikalische Gleichgewicht vom moralischen abhängt.

## Schlankerl

Vifer Junge, der die Hintertürchen und Drüsen kennt, die er öffnen muß, um geschäftlich und in der Liebe Erfolg zu haben.

## Schlapfn

Vgl. Potschn, aber auch als »Mäu« (s. d.) gebraucht = »Sie hat ewig die Schlapfn offen«.

## Schlawiner

Keineswegs aus »schlau« und »Wiener« entstandener Ausdruck – jedoch nicht allzuweit davon angesiedelt, bedeutet es doch so viel wie »Schlitzohr«.

## Schlempern

Unkontrollierte Aufnahme von weicher und flüssiger Nahrung, was dazu führt, daß man angeschlempert ist.

## Schmäh

Undefinierbar – entweder man hat ihn oder man hat ihn nicht.

## Schnalln

Weibliches Wesen, das – hätte es genügend Grips – sich in der Zeit, da es auf dem Rücken liegt, zur Expertin für Zimmerdeckenstukkatur ausbilden könnte. Bleibt jedoch: leichtes Mädchen.

## Schnackerl

Unangenehmes Bemerkbarmachen der Magenmuskeln, meist nach unmäßigem Alkoholgenuß = Schluckauf.

## Schnacksln

Auch titschkerln oder tupfen etc. Das, was nicht nur Naturburschen (s. d.) und Mentscha (s. d.) miteinander tun. Der Vorgang hält sich auch in unserem Land korrekt an die französische Schule, nur daß als Tatort hin und wieder die Tenne oder die Wiese dient.

## Schnapsen

Kartenspiel »Sechsundsechzig«, aber: schnapserln = sich unentwegt Selbstgebrannten (Obstler, s. d.), u. ä., Korn etc. hinter die Binde gießen.

## Schneckerl

Spitzname eines österreichischen Fußballers, kommt nicht von kleiner Schnecke, sondern bedeutet stark gekraustes Haar – egal, wo.

## Schneiztüachl

Gesichtsvorsprungsreinigungslappen. Schneizen = sich nicht die Würmer, sondern etwas anderes aus der Nase ziehen.

## Schnorrer

Jemand, der es versteht, mit nichts andere auszuhalten und dabei auf ihre Kosten zu leben. Schnorren = Broterwerb eines Schnorrers.

## Schreamsn

Weg, der ohne viel Umschweife dorthin führt, wo man gerne möchte. Der Jüngling eilt über die Schreamsn zum Dirndl, der Ehemann ins Wirtshaus.

## Schülling

Das, wovon man nie genug in der Tasche oder auf der Bank haben kann, obwohl man es selbst gar nicht bräuchte, wenn es die anderen nicht ständig von einem verlangen würden = Alpendollar.

## Schussln

Unüberlegt und übereilt handeln. Schussln beim Bussln (s. d.) sollte man daher nie, will man sich mit der Zunge nicht im Gebiß verhaspeln.

## Schwanzn

Nur rückbezüglich anzuwenden und in keinem Zusammenhang mit schwänzen oder Schwänzen. Wer sich schwanzt, ärgert sich, weil er meist selber schuld daran ist.

## Schwüh

Ende des speren (s. d.) Gefühls im Mund und Zustand gehobener Seligkeit, hervorgerufen durch das mehrmalige Leeren alkoholgefüllter Pitschn (s. d.).

## Seidl

Maßeinheit, mit der so mancher Schwüh (s. d.) beginnt = ein »kleines Bier«.

## Sekkirn

Jemandem mit Worten auf die Nerven fallen. Z. B. einem so lange zusetzen, daß er zu dick wäre, bis er sich dünne macht.

## Semmel

Handliches, rundes und mit fünf Einkerbungen versehenes Weißbrot, das als »Brötchen« bekannt ist. Schmeckt besonders gut in frischem Zustand, sofern es kein »Totschn« (s. d.) ist.

## Sempern

Immer wieder jammern, nörgeln, mit Worten zur Last fallen, auf ein Ergebnis drängen, das meist den Erwartungen gar nicht entspricht.

## Sierfln

Kann sowohl mit der Zunge als auch mit den Füßen geschehen, aber ein Dirndl, das mit der Zunge sierflt, also beim Reden anstoßt, ist allemal noch jenem Tadara (s. d.) vorzuziehen, der mit seinen Füßen sierflt, also beim Gehen schleift, weil er auch die Beine nicht mehr hochbringt.

## Sierig

Trifft auf jene zu, die dieses Buch nicht gekauft haben. Geizige und knausrige Leser sind keine Wurzn (s. d.) für uns.

## Soachn

Gehört als »seichn« und »sachn« der Vergangenheit an, wird heute auch als »soachn« viel weniger oft ausgesprochen als getan = platzregenartiges Urinieren.

## Soaferln

Unabsichtlich Wasser, den sogenannten Soaferling, aus dem Mund rinnen lassen, wobei es zum Trenzn (s. d.) kommt. Soaferlnde Babys sind »liab«, soaferlnde Erwachsene schauen höchstens »liab« aus.

## Spanl

Unterzündholz. (Nur bei Öfen sinnvoll, bei Mädchen wirkungslos).

## Speanzln

Verstohlenes Scheangln (s. d.) nach weiblichen Naturschönheiten.

## Spenodl

Stecknadel, jedoch »Spenodler« = keine Adlerrasse, sondern im Gegenteil ein kleiner Fisch.

## Sper

Jenes seltsame Gefühl im Mund, das durch

Trockenheit und Saftlosigkeit ankündigt, daß der nächste Schwüh (s. d.) fällig ist.

## Spiatzln

Die hohe Kunst, zwischen den Zähnen Spucke derart kunstvoll auszustoßen, daß ein Lama vor Neid erblassen würde.

## Spompanadln

Umstände, die beispielsweise ein neinsagendes Mädchen dem Bewerber bereitet, also Schwierigkeiten. Diese anfänglichen Unannehmlichkeiten sind jedoch meist von kurzer Dauer und leicht zu beseitigen.

## Spragln

»I kann mit net zerspragln« ist der Ausruf eines vielbeschäftigten Liebhabers, der bedauert, mit einem Hinterteil nicht zugleich auf neun Kirtagen (s. d.) tanzen zu können. Spragln = zertrennen, auseinanderspreizen.

## Springinkerl

Junge Person, die nie genau weiß, was sie eigentlich will, dies aber sehr sprunghaft verfolgt.

## Stad

Ruhig, jedoch: »Sei stad!« = »Halt 's Mäu (s. d.)!« = »Halt die Klappe!«

## Stadl (Stodl)

Wird von Naturburschen liebend gern neugierigen Urlauberinnen gezeigt = Scheune, Tenne.

## Stampern

Was der Wirt mit seinen lieben Gästen nach der Sperrstunde tut = sie hinauskomplimentieren, abweisen, an die ungesunde, frische Luft setzen.

## Stanitzl

Alles, was in deutschen Landen in die Tüte kommt, kommt bei uns ins Stanitzl, nur nicht die Tüte selber.

## Stelzn

Auf der Speisekarte vielfach zum »Eisbein« degradiert. Auch die nicht eben vollendet gewachsenen Beine eines Mädchens, wobei es ratsam ist, dies das bedauernswerte Geschöpf nicht hören zu lassen.

## Sterz

Aus Mehl und Schmalz zubereitete Speise, die nur von allergesündesten Naturburschen (s. d.) vertragen wird.

## Strankerln

Fisolen (grüne Bohnen) nicht nur auf kärntnerisch.

## Straukn

Befällt nicht nur Rotzbuam (s. d.), sondern als spezifisch österreichischer Schnupfen praktisch jedermann.

## Strawanzer

Einer, der von Blume zu Blume hüpft, seinen Beruf, sofern er einen hat, öfter wechselt und nicht immer auf reelle Art sein Geld verdient.

## Strizzi

Leicht kriminelle Abart eines Strawanzers (s. d.) = Stutzer.

## Stutzerl

Das »l« spielt dabei die entscheidende Rolle, um nicht mit einem Stutzer = Geck verwechselt zu werden. Mit »l« ist es das, was der Jaga (s. d.) stets knallen läßt – nein, nein, das Gewehr ist gemeint.

## Sudern

Eindringliches Bitten und Betteln um eine x-beliebige Gunst.

## Sulz

Anderweitig als Sülze bekannt. Im Zusammenhang mit Füßen – »Sulzfiaß« – Bezeichnung für Elefantenbeine, Stampfer, also etwas zu dick geratene Haxn = Gehwerkzeuge.

## Sumper

Hinterwäldlerischer Mensch. Ursprünglich einer, der jährlich nur zweimal aus seinem Tal in die Zivilisation kam: im Sommer mit dem Hochwasser und im Winter mit der Lawine.

## Surm

Ein naturbelassener Dummkopf.

**Tadara**

Liebevoll-respektlose Bezeichnung für Tattergreis, der sich nur noch sierfelnd (s. d.) fortbewegt.

**Tak**

Ritterlich, anständig, verläßlich, gut beisammen, fit = fiktive Eigenschaften eines Traummannes.

## Taschnfeitl

Das, was die meisten Buben schon vor der Pubertät in der Hand halten, wenn sie in die Hosentasche greifen = ein Taschenmesser mit Holzgriff und nur einer Klinge (immerhin).

## Tätereh

Nicht der Karnevalsstimmung entsprungener Ausruf, sondern Teil einer Feststellung: »Wenn er könnt, so wie er möcht, dann tätereh.« Tät' er eh = würde er es ohnehin tun.

## Tjata

Kann man aufsuchen oder sich selbst machen = Theater oder »a Gaudi und a Hetz« (s. d.).

## Topfn

Schmeckt in deutschen Gauen wie Quark und ist es auch.

## Tepschn

In eine andere geometrische Form bringen, nämlich eine konkave. Meist mit der Vorsilbe »ein« verwendet. Vorwurf eines Ehemannes: »Wo hast du denn schon wieder mein Auto eintepscht?« = »Woher stammt denn die Delle in meinem Wagen?«

## Terrisch

Halbe Voraussetzung für eine glückliche Ehe (der Mann ist terrisch = taub, die Frau blind).

## Totschn

Beim Backen nicht aufgegangener oder wieder in sich zusammengesunkener Teig, zusammengefallene Semmeln (s. d.), auch Synonym für hausbackenes Mädchen.

## Tramhapert

Vorübergehend nicht im Vollbesitz seiner

fünf Sinne, da schlaftrunken und daher verträumt.

## Tratschn

Reden, plaudern. »Die Tratschn« = weibliches Wesen, dessen Mundwerk nicht einmal durch einen Kuß zum Stillstand gebracht werden kann.

## Trenzn

Sich mit Soaferling (s. d.) oder Speisen bekleckern.

## Trutschn

Frau oder Mädchen, mit dem rein gar nichts anzufangen ist. Fades Wesen weiblichen Geschlechts, das keinen Spaß versteht. Hände weg! (Siehe Pritschn).

## Tschapperl (Tschopperl)

Unerfahrenes weibliches Wesen, das z. B. auf die Frage, ob man es küssen dürfe, mit einem »Bitte!« antwortet, als hätte man ihm ein Stück Schokolade angeboten.

## Tschechern

Tätigkeit, die laut Statistik in der Damenwelt immer mehr in Mode kommt = sich alkoholische Getränke zu Gemüte führen. Tschecherant: trinkfeste Person.

## Tschentschn

Lebewesen beiderlei Geschlechts, die andauernd etwas zu bemängeln und bemeckern haben. Ziehen unbeteiligte Mitmenschen in stundenlange und völlig sinnlose Dispute, ihnen derart die kostbare Zeit stehlend (nur der Ausdruck ist rein kärntnerisch).

## Tscherfl

Abgetragener, ausgedienter Schuh.

## Tschinogln

Etwas, was man im Urlaub nicht, sonst aber leider tun muß, wenn man sich den Urlaub leisten will = hart arbeiten.

## Tschick

Tschick ist ein Zigarettenstummel, das, was von einer Zigarette übrigbleibt, wenn sich Teer und Nikotin bereits in der Lunge befinden.

## Tschocherl

Auch Tschecherl = düsteres, verstaubtes Café, in dem die Hinterzimmer eine hintergründige Rolle spielen.

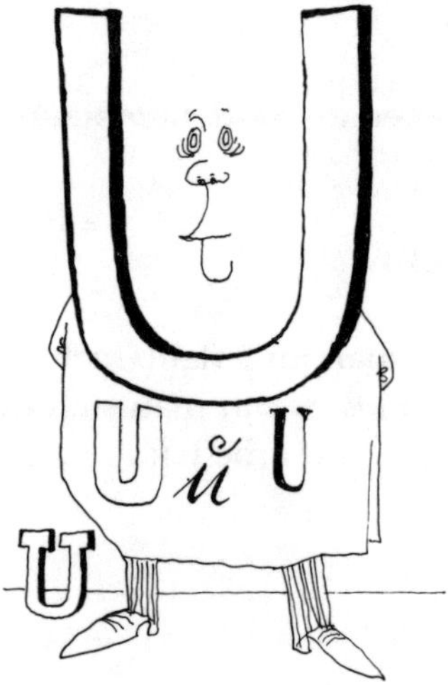

## Überhaps

Ausdruck, der die österreichische Mentalität kennzeichnet, da hier alles überhaps = über den Daumen, provisorisch, ungefähr, gemacht wird.

## Überwuzlt

Siehe wuzln

## Uma

Nur wer drentn (s. d.) ist, kann umakumma, nämlich herüberkommen. Wer hingegen herentn (s. d.) ist, kann umikumma, also hinüberkommen. Wer einmal umi, einmal uma kommt, kommt viel umadum, nämlich herum. Leute, die umadum stehen, laufen Gefahr, im Wege zu stehen, daher die Mahnung: »Steh do nit umadum!«

## Unterspickt

Mit Fett durchzogenes Fleisch. Eine »unterspickte Kotz« (s. d.) ist ein molliges, knuspriges Frauenzimmer.

## Urassn

Aus dem Vollen verschwenderisch nur das Beste schöpfen. Z. B. eine Investition von 1000 Schilling, wenn 200 auch genügt hätten.

## Veigerl

Zwischen einem Sträußchen Veigerln (Veilchen) und dem Zustand »blau wie ein Veigerl« liegen zumeist etliche Ehejahre. »Ich kann dich nimmer riechen«, sagt sie, und er denkt sich: »Wenn ich nur verduften könnt!«

## Verwoataglt

Mißlungen, heruntergekommen, aus der üblichen Form geraten, zerknautscht – ein zum Quasimodo gewordener Apoll.

## Veda

Wer mit diesem männlichen Beinamen – Hans-Veda, Franz-Veda usw. – bedacht wird, hat die besten Jahre bereits hinter sich und sollte sich am besten zu seiner Moahm (s. d.) zurückziehen.

## Wachln

Heftig mit der Handfläche, einem Tuch oder einer Fahne winken. Outwachler = Linienrichter beim Fußballspiel.

## Wampe

Durch übertriebene Zufuhr kulinarischer Genüsse größenwahnsinnig gewordene Taille.

## Wampert

Mit einer Wampe (s. d.) versehen. Bei einem Wamperten verrechnet der Schneider beim Maßnehmen Kilometergeld.

## Waserl

Was so mancher Mann um des lieben Friedens willen daheim vorgibt zu sein – schüchtern, brav, treu, keines Gspusis (s. d.) fähig.

## Watschn

Berühren der Handfläche mit der Gesichtshaut eines anderen. Ein Vorgang, bei dem es meist zu einem Knalleffekt kommt.

## Weh

Gutmütiger Mensch, den man ausnützen kann, eine »Wurzn« (s. d.).

## Wetschgruaber

Eine sich von Fettnäpfchen zu Fettnäpfchen fortbewegende ungeschlachte Person männlichen Geschlechts.

## Winnich

Bis zur Raserei gehendes Sichhingezogenfühlen zu einem Vertreter des anderen Geschlechts, wobei die Lust größer ist als die Liebe (Na und?).

## Wischerln

Sichtbares Zeichen funktionierenden flüssigen Stoffwechsels, (siehe zudln). Führt im fortgeschrittenen Alter zur zufriedenen Äußerung: »Dankt dem Herrgott, daß 's so rinnt!«

## Wurschtln

Von Österreichern bis zur Perfektion praktizierte Lebensart, vor deren Anwendung Ausländern dringend abgeraten werden muß. Das sogenannte Fortwurschtln kann nämlich nicht gelernt werden, sondern ist angeborene Improvisationsgabe. Eigenartigerweise bedeutet »der Wurschtl« auch »der Kasperl«.

## Wurlert

Zustand, in den ein Mann durch ein weibliches Wesen, sei es durch einen Augenaufschlag, einen Händedruck oder einen Kuß versetzt werden kann (und umgekehrt).

## Wurzn

Wurzel, Zeitwort wurzn = die Kunst, mit an guatn Schmäh (s. d.) jemandem mit dessen Wissen das Geld aus der Tasche zu ziehen. »A guate Wurzn« = das Opfer des genannten »Schmähführers«.

## Wuzln

Im Gegensatz zum Daumendrehen kommt beim Wuzln immer etwas heraus, da auch die Finger mitspielen. Zerwuzln vor Lachen kann man sich über einen, der zum ersten Mal versucht, sich eine Zigarette zu wuzln = drehen. Doch: wehe der Frau, die überwuzlt ist! Ihre Jahresringe verraten nämlich, daß sie nicht mehr ganz taufrisch ist.

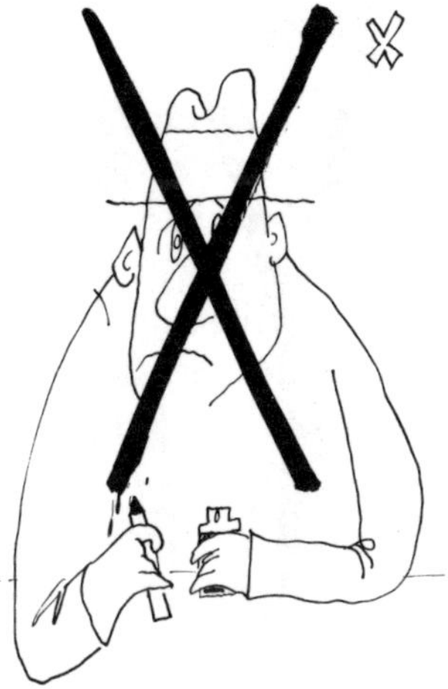

**Xöchts**

Geräuchertes = geselchtes Fleisch und gewaltsam mit einem X versehen. Von Naturburschen (s. d.) gemeinsam mit Kraut und Knödl (s. d.) als »Ho-ruck-Gemüse« angesehen – also eine Speise, die »dem Vati auf die Mutti hilft«.

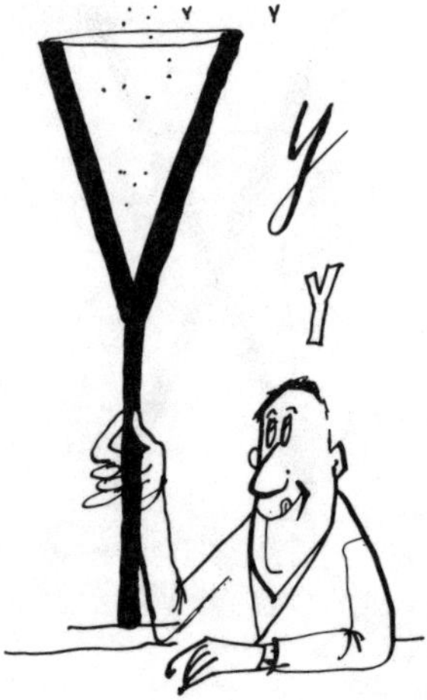

## Ypsilon

Vorletzter Buchstabe im Alphabet (auch im österreichischen).

## Zizerlweis

Nach und nach, bruchstückweise. »Er kauft sein Auto zizerlweis« = auf Raten.

## Zlexnt

Ein altes Faß, das ausgetrocknet ist, kann ebenso zlexnt sein wie ein aus dem Leim gegangener Sessel oder auch ein Zniachtl (s. d.).

## Znepft

Bedauernswerter Zustand eines Muttersöhnchens, nachdem ihm von einer winnichen (s. d.) Weibsperson all das gezeigt worden ist, was Mama verschwiegen hat = auch zerrupft.

## Zniachtl

Angebliche Mannsperson, die gerne als Ausrede gebraucht: »A guater Hahn wird net fett!«

## Zockl

Fersenfreier Holzschuh, der schon lange bevor er in Mode kam als Stallschuh verwendet wurde.

## Zudl

Mannesstolz in spe = des Knaben Wunderhorn. Das Zeitwort dazu heißt zudln (»Rudl, zudl zuwi zan Zaun!« = »Rudilein, laß dein Wässerchen beim Zaune ab!«).

## Zumpferl

Zeitwortloses Zudl (s. d.).

## Zuwa

Unumgängliche Vokabel zum gegenseitigen Näherkommen. »Kumm endlich zuwa!« = »Komm endlich herzu!«. Hingegen: zuwi = hinzu. »Geh zuwi zu ihr!« = »Rück ihr näher!«

## Zuwazahrer

Etwas, das einem die Ferne näher bringt, eben herzuzieht = Fernglas.

## Zuzln

Intensives Zusammenspiel von Lippen und

Zunge auf einem Objekt zu ein- oder beidseitigem Lustgewinn. Als Saugen oder Lutschen weithin bekannt.

**Zwiagazn**

Wird ein Rad zu wenig geschmiert, zwiagazt es. Detto das Knochengerüst eines Zniachtls (s. d.). Gefahr des Zlexns! (s. d.).

**Zwidawurzn**

Bittere Wurzel, weiblichen Geschlechts. Keine Verwandtschaft mit einer Wurzn (s. d.).

**Zwinzln**

Mit beiden Lidern treuherzig klimpern (Vorsicht, Männer!).

## Zwirnknäullerl

Beliebtes österreichisches Testwort für Leute, die nach Lektüre dieses Büchls glauben, nun österreichisch zu können.

Österreichisch
für
Fortgeschrittene
Ein heiteres Lexikon
RANG
Amalthea